Welcome to the Cute Pets

Für meinen Ehemann

Autorin / Bilder / Cover

Tanja L. Feiler

Sie stapeln sich...

...die Bücher der Cute Pets, die noch nicht publiziert sind. Die Kuscheltier WG - die Ehepaare Maehi & Angelina, Imo & Amber, Alien & Angela, X & Michelle, Single Kitty und drei ehemalige WG Mitglieder, die auf

Weltreise für den guten Zweck sind. Wissenschaftler, Musiker, Autoren, Akrobaten, Designer, Künstler, Schauspieler - das sind die Cute Pets. Die neun haben ihre Chronik 2016 bereits geschrieben und publiziert, Infos über ihre Konzerte, jeden

Einzelnen, die Songbücher, ihre Kinofilme und und und...

Amber hat inzwischen drei Bücher fertig zum Hochjagen ins Netz. Alien und X haben vor ein paar Tagen einen Ausflug zu einer Relax Oase gemacht, am nächsten Tag sind alle hingegangen. Alien ist wieder fit, seine Halsverletzung ist geheilt. Angela ist froh darüber, sie waren wochenlang fast nur noch in ihrem Zimmer, Alien meist liegend mit einer Halskrause. Imo und Amber haben die letzte Nacht im gemeinsamen Arbeitszimmer, der Meeting Lounge gesessen und an ihrem PC, Laptop gearbeitet.

Amber hat ein Buch geschrieben, inzwischen sind aus einem drei geworden. Die Story des ersten Bandes handelt von der Reise nach Miami, die Amber vor einigen Monaten zusammen mit Kitty unternommen hat, zum

Miami Kitty Contest, den sie natürlich gewonnen haben. Ausserdem erzählt Amber, wie Kitty Luke kennengelernt hat. Kitty hat vor ein paar Tagen mit ihren Freundinnen aus der Schweiz, den drei Stars der Kinderbuchreihe „So isses" telefoniert, der spontane Telefonanruf hat Kitty total gefreut. X hat vorgestern die vorerst letzte Sitzung - die Samstags um 15 Uhr stattfindende Gesprächsrunde - das Meeting in der Lounge vorbereitet, viele Tagesordnungspunkte durchgesprochen, jetzt ist erst mal Meeting Pause. Seine Frau

Michelle hat gestern mal wieder ein Rezept aus ihren vegetarischen Kochbüchern gekocht, alles Gerichte, die sie selbst erfunden hat. Spargel mal ganz anders. Maehi und Angelina haben beim Meeting die Cute Pets Website auf den neusten Stand gebracht.

Tagesordnungspunkt war auch ein typischer WG Punkt bzgl. der Reinigung der gemeinsam genutzten Räume. Amber macht das seit gestern immer, kein Rotationssystem mehr. Imo kümmert sich um die Treppe. Amber hat ein grosses Lob für ihre Arbeit bekommen, sie hat alles geordnet, geputzt. Der Grund, warum das Ehepaar jetzt diese Aufgabe übernimmt resultiert auf dem Kollateralschaden im letzten Monat, an dem Imo mitgearbeitet hat und der dazu geführt hat, dass statt PC, Handy und Laptop Notizbücher und ein

Kugelschreiber von den Cute Pets zum Schreiben von Büchern oder wissenschaftlicher Arbeit genutzt wurde. Handy, Laptop, PC und Hörfernsehen extraterrestrisch sind wieder im Einsatz, teils neu gekauft - Alien ist froh das er damals alle Prototypen wie die

Autos der Zukunft, die
Sound - Beach -
Halloween und
Snowboard Maschine,
Ambers Trainingsgerät
für Akrobatik gut
gesichert hat, doch das
hat Alien nicht davor
bewahrt auf einem
zerbrochenen Teller
auszurutschen, was zur
Halskrause und Bettruhe

geführt hat. Imo hat deshalb vorgeschlagen, dass er und seine Frau jetzt für den Haushalt mit Ausnahme des Kochens zuständig sind, sozusagen als Wiedergutmachung für den Kollateral Tag.

Amber macht Überstunden

Amber und Imo haben letzte Nacht durchgearbeitet. Punkt acht Uhr ist Amber fürs Frühstück einkaufen gegangen und von neun bis um elf Uhr war sie bei zwei Docs wegen Rezepten. Alles zu Fuss. Unterwegs hat sie die Frau getroffen, mit der sie sich ein paar Mal in der Franziskus Schule unterhalten hat. Die Frau schenkt drei Mandel Eis, einfach so und eilt weiter. Erfreut ging Amber zu ihrem zweiten Termin wegen

Rezept, als ihr ein Junge, vielleicht 16 oder 18 Jahre aus einem Hausflur zulächelte, während Amber vorbei ging, strammen Schrittes. Imo hat sich hingelegt, doch Amber kann nicht relaxen. Da sie mehrere Kilometer gelaufen ist, verzichtet Amber auf Akrobatik, stattdessen setzt sie sich an den PC. Wie aufgeräumt und kuschelig das Arbeitszimmer ist, alle Zimmer der Cute Pets sind aufgeräumt, geputzt, es müssen nur noch zwei Tüten in den Müll - Hausmüll und Imos gestern aussortierte Wäsche, die entweder

Löcher hat oder verfärbt ist. Auch Amber hat ihre Wäsche sortiert, schon vor einigen Wochen vier Tüten prall gefüllt mit Klamotten in den Kellerraum gestellt - es sind gute Sachen dabei, die nicht in den Müll, sondern in den Kleidercontainer gehören. Doch zu Fuss sind sie zu schwer, Imo muss ihr damit helfen, zusammen werden sie an den Container gehen und die vielen Sachen spenden. Amber hat den Kleiderschrank in sich verpackt, minimalistisch das aufgehoben, was sie auch immer anzieht. Zuerst wollte Amber die

Kleidung in den Müll werfen, doch Imhotep protestierte dagegen. Da ist Amber ein Bericht aus dem Fernsehen (als der noch Bild hatte) eingefallen, wo ein LKW voll T - Shirts verbrannt wurde, weil es sich um Plagiate gehandelt hat. Das hat Imo sehr aufgeregt. Amber erinnert sich daran und murmelt, wenn sie ihre Kleidungssäcke in den Müll werfen würde, anstatt zu spenden, würde sie wie die Plagiat Verbrenner aus dem Fernsehen handeln. Doch Amber hat wahrscheinlich in einem der Säcke ein paar Teile gemacht, die sie doch noch anzieht. Es sei denn sie waren in einem Extrasack letzte Woche, den sie weggeworfen hat mit dem Hausmüll, weil sie wütend war über irgend was. Sie hadert damit, in den Keller zu gehen oder nicht, da steht Imo singend hinter ihr. Nein, die Sachen werden komplett gespendet, es bleibt alles so wie sie es sortiert hat, sonst verbringt Amber Stunden im Keller und der Kleiderschrank quillt wieder über. Nein, das macht sie nicht. Imo gesellt sich zu Amber und geht in die Küche, um einen Tee zu machen. Kitty ist auch in

der Küche und macht
drei Marmeladebrote,
die zusammen mit dem
Tee gegessen werden.
Kitty ist wieder weg...

Besonders Danke ich meinem Ehemann